Succession de Mme la Baronne DE HIRSCH

QUATRE TAPISSERIES

DE BEAUVAIS

CHEMINÉE DU TEMPS DE FRANÇOIS Ier

Portrait de Louis XVI, par Callet

Succession de Mme la Baronne DE HIRSCH

QUATRE TAPISSERIES
DE BEAUVAIS

Cheminée du temps de François Ier

PORTRAIT DE LOUIS XVI, PAR CALLET

CONDITIONS DE LA VENTE

Elle sera faite au comptant.

Les acquéreurs paieront *dix pour cent* en sus des enchères.

L'exposition mettant le public à même de se rendre compte de la nature et de l'état des objets, aucune réclamation ne sera admise une fois l'adjudication prononcée.

N. B. — *L'Hôtel de feu Mme la Baronne de Hirsch, sis à Paris, 2, rue de l'Élysée, sera mis en vente au Palais de Justice, à Paris, le Samedi 10 Février 1906, par les soins de M. Ravaton, avoué.*

Paris. — Imp. Georges Petit, [illegible], rue Godot-de-Mauroy. — [illegible]

CATALOGUE

DE

QUATRE TAPISSERIES

DE BEAUVAIS

DE LA FIN DU XVIIe SIÈCLE

Cheminée du temps de François Ier

PORTRAIT DE LOUIS XVI, PAR CALLET

DONT LA VENTE AURA LIEU

En l'Hôtel de feu Mme la Baronne DE HIRSCH

2, RUE DE L'ÉLYSÉE, A PARIS

Le Jeudi 22 Février 1906

à 3 heures

COMMISSAIRE-PRISEUR

Me PAUL CHEVALLIER, rue Grange-Batelière, 10

EXPERTS

MM. MANNHEIM | **M. JULES FÉRAL**

7, rue Saint-Georges, 7 | 7, rue Saint-Georges, 7

EXPOSITIONS

PARTICULIÈRE : *Le Mardi 20 Février 1906, de 1 heure 1/2 à 5 heures*

PUBLIQUE : *Le Mercredi 21 Février 1906, de 1 heure 1/2 à 5 heures*

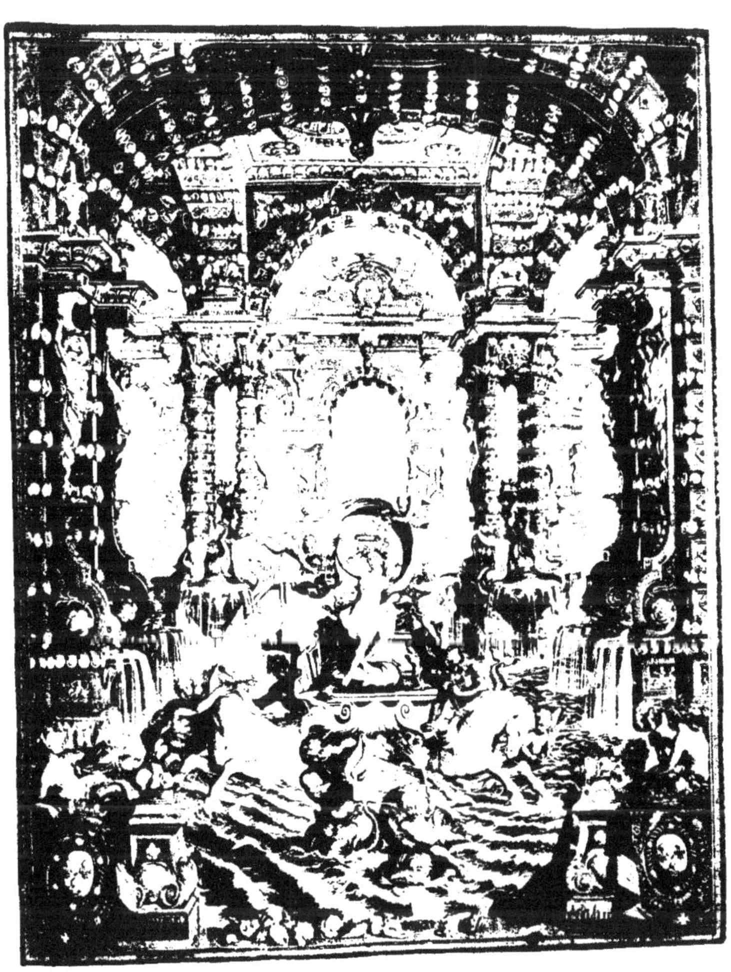

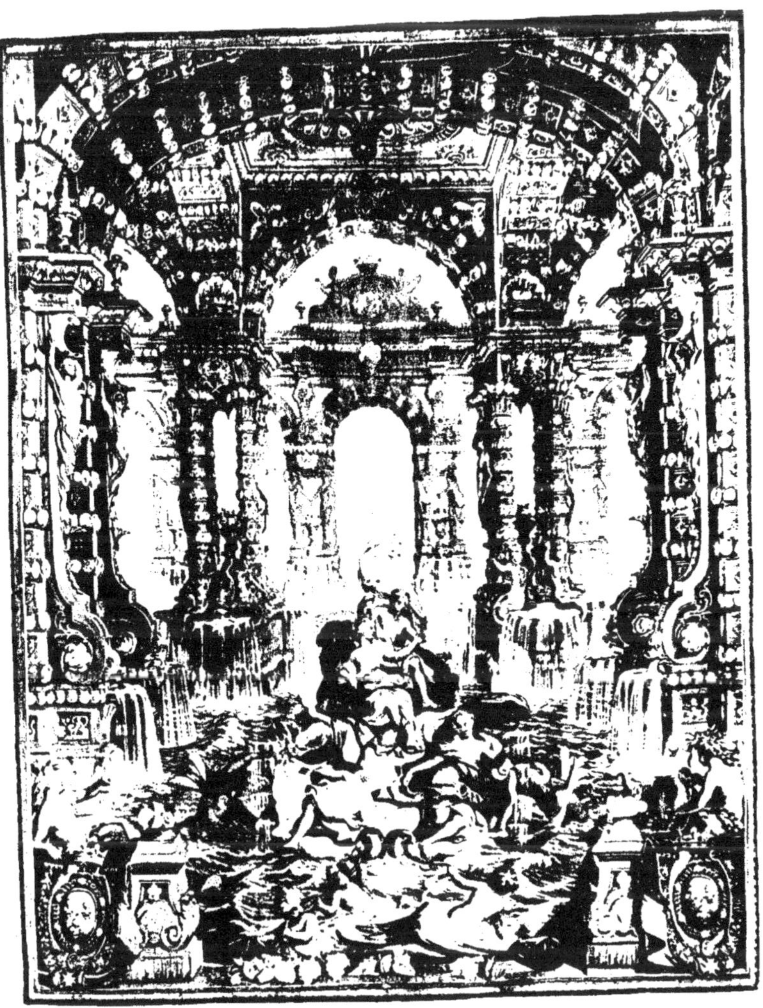

DÉSIGNATION

1 à 4 — Suite de quatre tapisseries tissées d'argent de la MANUFACTURE ROYALE DE BEAUVAIS, exécutées sous la direction de BÉHAGLE, d'après BÉRAIN, à la fin du XVIIe siècle, pour Louis de Bourbon, Comte de Toulouse, amiral de France.

Elles représentent, sur des fonds de colonnades et de portiques baignés par les flots et enrichis de sculptures, de fontaines et de coquillages, des compositions allégoriques aux divinités de l'Océan :

1° Amphitrite, entourée d'amours, et tenant une draperie flottant au gré des vents, est assise sur un trône surmontant une coquille que traînent des chevaux-marins, conduits par des tritons.

2° Vénus, escortée des dieux de la mer, portant une branche de corail, est étendue auprès d'Adonis, sur une large coquille, que conduisent de jeunes tritons attelés à des branches de corail.

3° Eurus, le dieu de la tempête, au milieu des nuées et des éclairs, souffle l'ouragan ; devant lui, un guerrier cramponné à une épave, implore Vénus, qui s'avance montée sur un cygne.

4° Thétis, sortie des ondes, offre au jeune fils du Grand Roi, figuré par un héros antique et accompagné de deux guerriers, un casque, une cuirasse et un bouclier ; devant eux, un amour jouant avec le glaive.

Chacune de ces tapisseries est décorée au premier plan, sur les côtés, de néréides assises sur des balustrades drapées et tenant des perles, des coquillages et des branches de corail, produits de l'Océan.

Contre ces balustrades sont appuyés des écussons aux armes de Louis-Alexandre de Bourbon, Comte de Toulouse, amiral de France[1], entourées des colliers des ordres du Roi, timbrées de la couronne de prince du sang, l'ancre à la trabe fleurdelisée, insigne de la dignité d'amiral, posée en pal derrière l'écu.

En bas de chaque tapisserie, la signature *Behagle* et sur deux d'entre elles, la mention *Bérain in.*

Hauteur, environ 4 m. 18.
Largeur, environ : 1° 3 m. 23.
2° 3 m. 26.
3° 3 m. 29.
4° 3 m. 25.

1. Louis-Alexandre de Bourbon, Comte de Toulouse, bâtard de Louis XIV et de Mme de Montespan, né en 1678, légitimé en 1681, fut créé amiral en 1683 et fait chevalier des ordres du Roi en 1693. Comme le collier de l'ordre de la Toison d'or, qu'il obtint en 1703, ne figure pas sur ces tapisseries, elles doivent avoir été tissées entre 1693 et 1703.

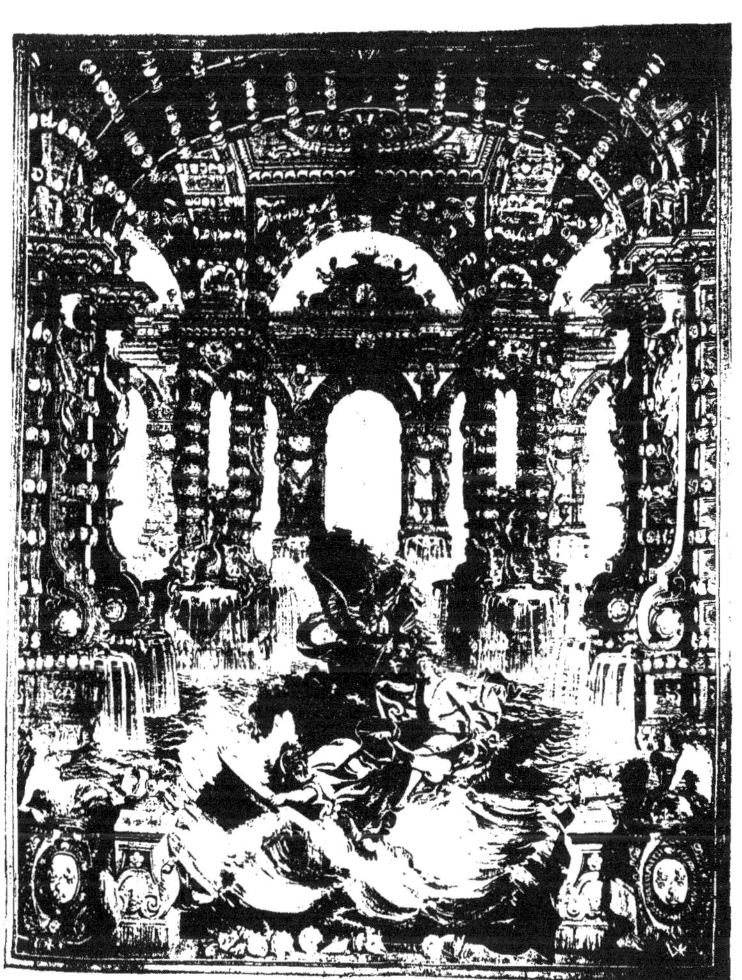

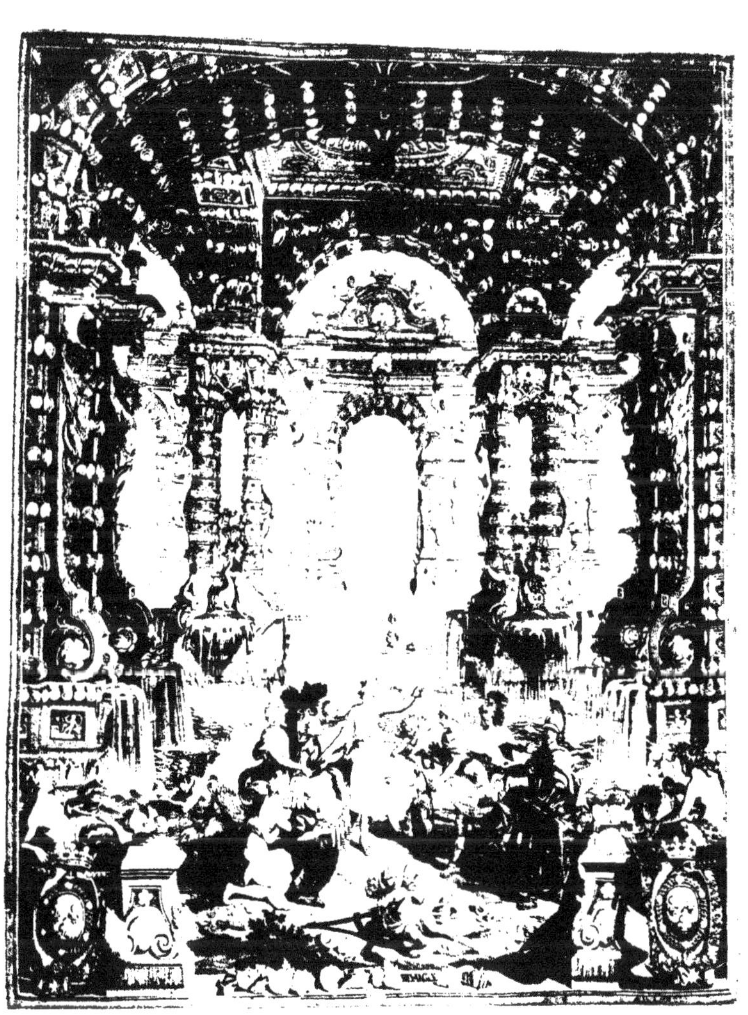

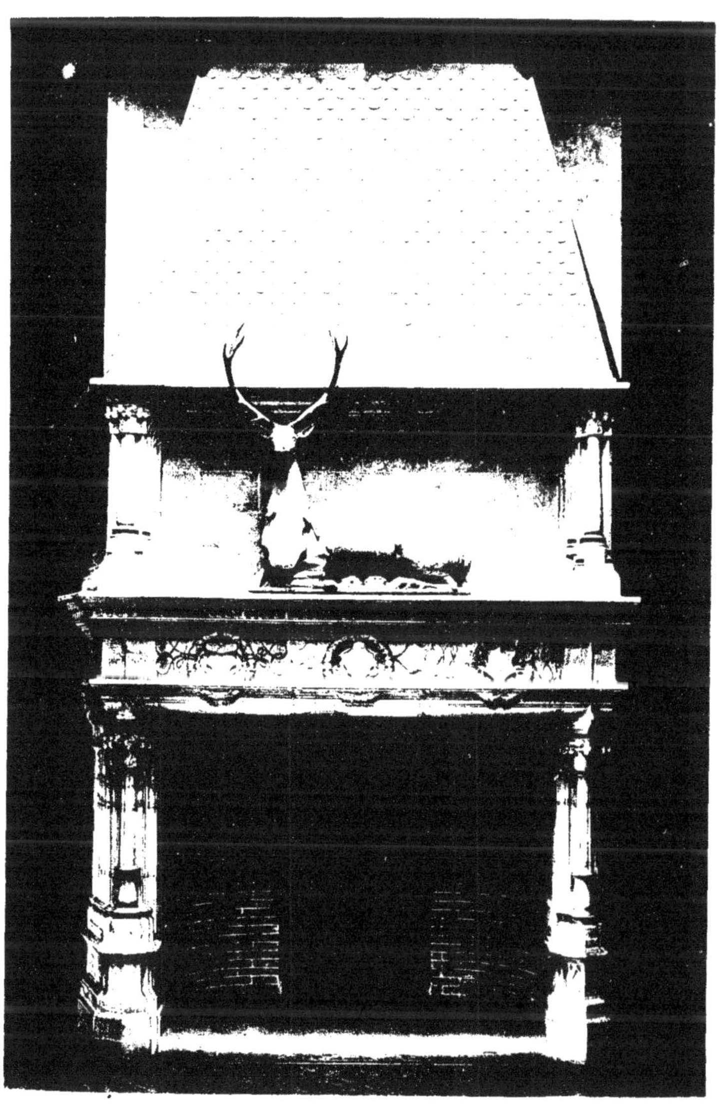

5 — Cheminée monumentale en pierre sculptée, du temps de François Ier.

Elle se compose d'un large bandeau bordé de moulures et orné de trois cartouches variés placés au milieu de couronnes formées de feuilles, de graines, de cornes d'abondance et de figures d'enfants ; ces couronnes sont retenues par des rubans et des lacs d'amour, et leur partie inférieure semble traverser la bordure du bandeau. Deux colonnes cannelées, à chapiteaux feuillagés, supportent ce bandeau et viennent amortir les faces latérales de la cheminée, profilées suivant un galbe gothique. Un cerf, grandeur nature, à la ramure dorée, portant un écusson attaché au cou, est étendu devant le manteau de la cheminée, dont la surface unie est encadrée de moulures et flanquée de deux colonnettes à chapiteaux feuillagés.

Cette cheminée provient du château de Montal et fut acquise par le Baron de Hirsch, avant la vente publique des sculptures provenant de ce château (1881).

CALLET

ANTOINE-FRANÇOIS

Paris, 1741-1823.

6 — *Portrait de Louis XVI.*

Il est représenté en costume royal, de grandeur naturelle, vu de trois quarts, tourné vers la gauche, les yeux fixés sur le spectateur.

Debout, sur un trône couvert d'un tapis bleu, en habit de satin blanc orné de dentelles, manteau fleurdelisé doublé d'hermine, la main droite appuyée sur un sceptre et tenant de la main gauche un chapeau de feutre noir empanaché de plumes. A gauche, sur un coussin, la couronne royale et la main de justice.

Dans le fond, une balustrade et une colonne soutenant une draperie bleue brochée d'or.

Œuvre capitale de l'artiste.

Signée à gauche.

Gravée.

Cadre en bois sculpté.

Toile. Haut., 2 m. [illegible]; larg., 1 m. [illegible].

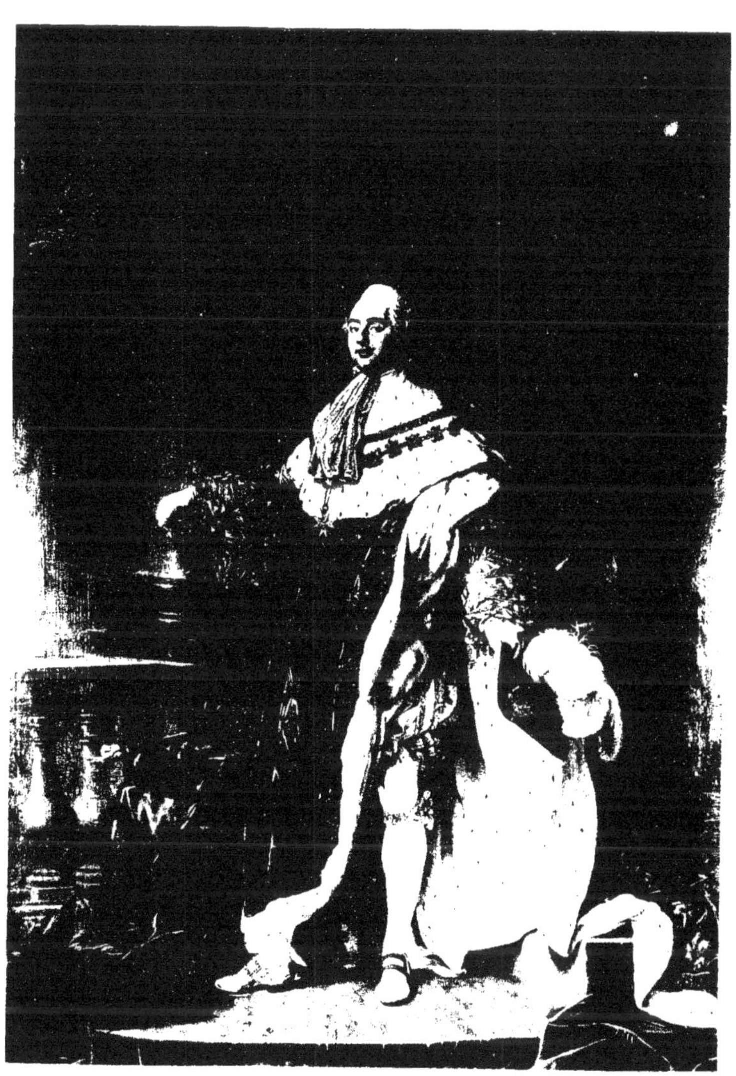

www.ingramcontent.com/pod-product-compliance
Ingram Content Group UK Ltd.
Pitfield, Milton Keynes, MK11 3LW, UK
UKHW020539180726
13839UKWH00006B/2607